SÍMBOLOS PATRIÓTICOS

Monte Rushmore

D1717013

Nancy Harris

Heinemann Library
Chicago, Illinois

HEINEMANN-RAINTREE

TO ORDER:

☎ Phone Customer Service **888-454-2279**

💻 Visit **www.heinemannraintree.com** to browse our catalog and order online.

Editorial: Rebecca Rissman
Design: Kimberly R. Miracle
Photo Research: Tracy Cummins and Heather Mauldin
Production: Duncan Gilbert

Originated by Dot Gradations
Printed and bound in China by South China Printing Co. Ltd.
Translation into Spanish by Double O Publishing Services
The paper used to print this book comes from sustainable resources.

ISBN-13: 978-1-4329-2034-0 (hc)
ISBN-10: 1-4329-2034-0 (hc)
ISBN-13: 978-1-4329-2041-8 (pb)
ISBN-10: 1-4329-2041-3 (pb)

12 11 10 09 08
10 9 8 7 6 5 4 3 2 1

Library of Congress Cataloging-in-Publication Data

Harris, Nancy, 1956-
   [Mount Rushmore. Spanish]
   Monte Rushmore / Nancy Harris.
      p. cm. -- (Símbolos patrióticos)
   "Translation into Spanish by DoubleOPublishing Services"--T.p. verso.
   Includes index.
   ISBN 978-1-4329-2034-0 (hardcover) -- ISBN 978-1-4329-2041-8 (pbk.)
   1. Mount Rushmore National Memorial (S.D.)--Juvenile literature. 2.
Signs and symbols--United States--Juvenile literature. I. Title.
   F657.R8H3718 2008
   978.3'93--dc22
                                        2008040325

Acknowledgments
The author and publisher are grateful to the following for permission to reproduce copyright material: ©Age Fotostock **p. 5** top left (Maurizio Borsari); ©Associated Press **p. 11**; ©Corbis **pp. 19, 23b** (Underwood & Underwood); ©Getty Images **p. 6** (Ted Wood); ©The Granger Collection, New York **pp. 12, 14, 23c**; ©Library of Congress Prints and Photographs Division **pp. 16, 18, 21** all; ©photos.com **p. 10**; ©Shutterstock **pp. 4** (Raymond Kasprzak), **5** top right (Arvind Balaraman), **5** bottom right (Stephen Finn), **5** bottom left (ExaMedia Photography), **7, 23a** (Jamie Cross), **8**; ©SuperStock, Inc. **p. 17** (SuperStock).

Cover image used with permission of ©Jupiter Images (Corbis/ Visions of America/Joseph Sohm). Back cover image used with permission of ©Shutterstock (Raymond Kasprzak).

The publishers would like to thank Nancy Harris for her assistance in the preparation of this book.

Contenido

¿Qué es un símbolo?

Monte Rushmore es un símbolo.

Un símbolo es un tipo de signo.

Un símbolo indica algo.

Monte Rushmore

Monte Rushmore es un símbolo especial.

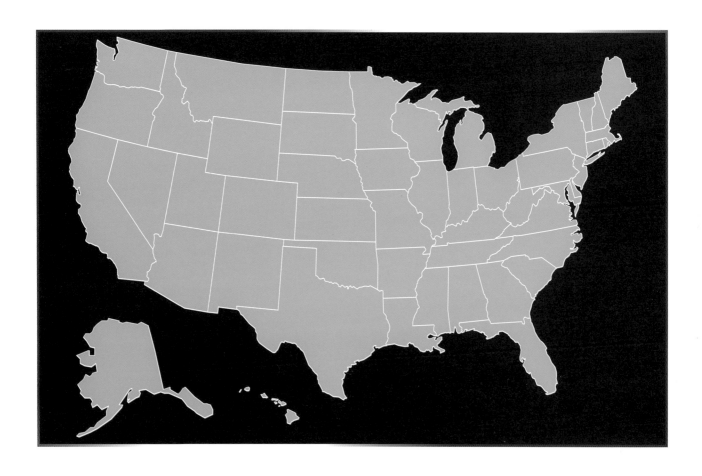

Es un símbolo de los Estados Unidos de América.
Los Estados Unidos de América son un país.

Monte Rushmore es un símbolo patriótico.

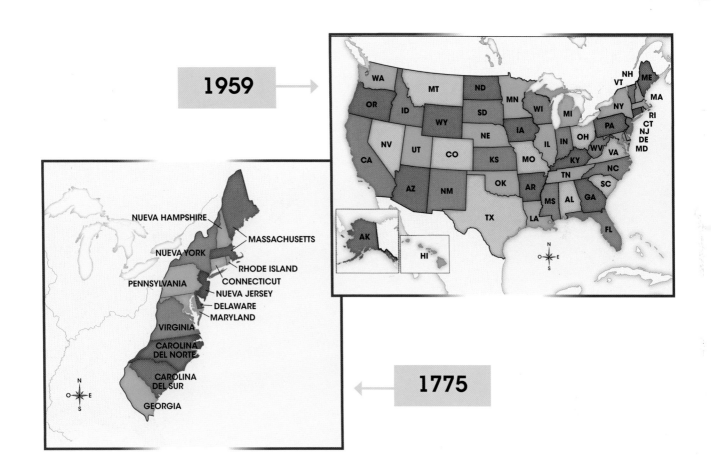

1959

1775

Indica las creencias del país. Demuestra
la historia del país.

Los presidentes

George Washington

Thomas Jefferson

Theodore Roosevelt

Abraham Lincoln

Monte Rushmore es una escultura. Muestra los rostros de cuatro presidentes de los Estados Unidos.

Presidente
John F. Kennedy

El presidente es el líder de un país.

George Washington

George Washington fue el primer presidente. Luchó por convertir los Estados Unidos en un país nuevo.

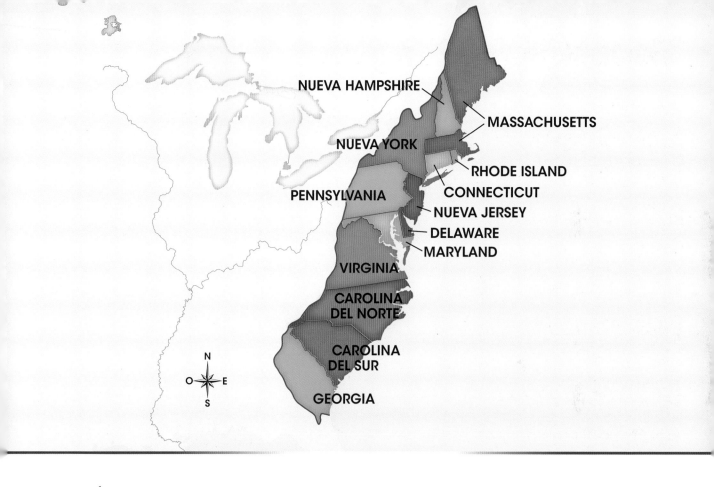

NUEVA HAMPSHIRE

MASSACHUSETTS

NUEVA YORK

RHODE ISLAND

CONNECTICUT

PENNSYLVANIA

NUEVA JERSEY

DELAWARE

MARYLAND

VIRGINIA

CAROLINA DEL NORTE

CAROLINA DEL SUR

GEORGIA

Él es un símbolo del comienzo de un nuevo país.

Thomas Jefferson

Thomas Jefferson fue el tercer presidente. Ayudó a obtener más tierras para el país.

Compra de Luisiana

Él es un símbolo de cómo el país creció
a lo largo del tiempo.

Abraham Lincoln

Abraham Lincoln fue el 16.º presidente. Colaboró para que todos los habitantes del país fueran libres.

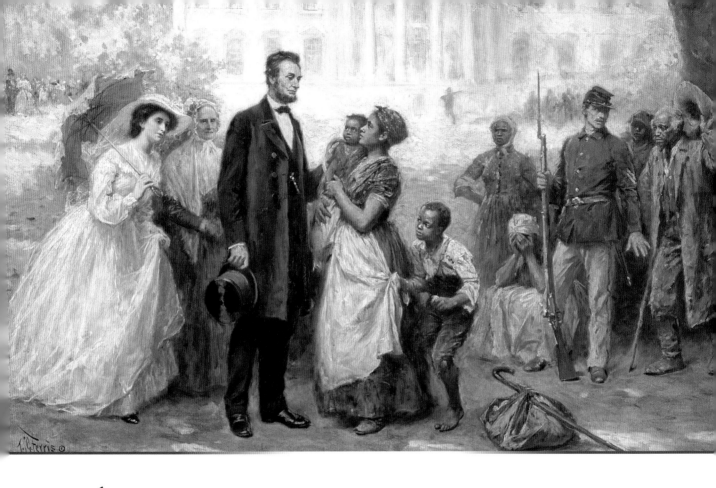

Él es un símbolo de libertad para todo el pueblo de los Estados Unidos.

Theodore Roosevelt

Theodore Roosevelt fue el 26.º presidente. Ayudó a que los Estados Unidos fueran un país fuerte.

Presidente Roosevelt

Líderes mundiales

Él es un símbolo de cómo los Estados Unidos se convirtieron en un país poderoso.

¿Qué indica?

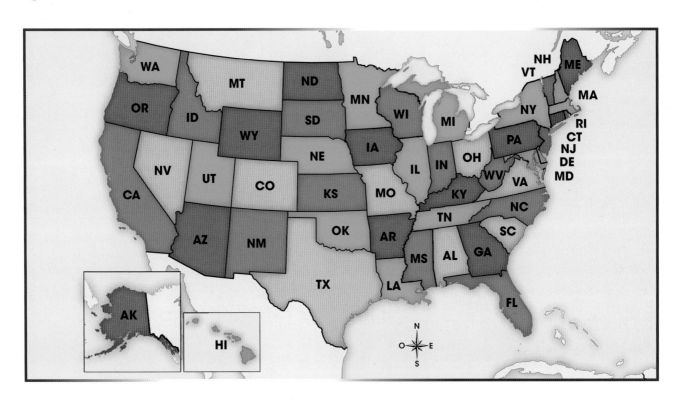

Monte Rushmore indica cómo crecieron los Estados Unidos con el tiempo.

George Washington

Abraham Lincoln

Thomas Jefferson

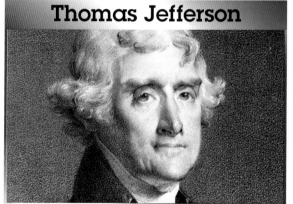

Theodore Roosevelt

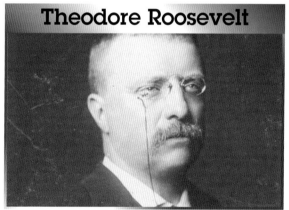

Indica cómo nuestros líderes ayudaron
a construir un país fuerte.

Datos sobre Monte Rushmore

★ Monte Rushmore se encuentra en el estado de Dakota del Sur.

★ Está tallado en las Colinas Negras.

★ Gutzon Borglum y su hijo Lincoln tallaron la escultura.

★ Los ayudaron otros trabajadores.

Glosario ilustrado

historia
lo que ocurrió en el pasado

país
territorio gobernado por
el mismo grupo

presidente de los Estados Unidos
líder del país, elegido por
el pueblo

Índice

Nota a padres y maestros

El estudio de símbolos patrióticos presenta a los jóvenes lectores el gobierno y la historia de nuestro país. Los libros de esta serie comienzan definiendo un símbolo antes de enfocarse en la historia y el significado de un símbolo patriótico específico. La sección de datos, en la página 22, puede usarse para presentar la lectura de no ficción a los lectores.

El texto ha sido seleccionado con el consejo de un experto en lecto-escritura para asegurar que los lectores principiantes puedan leer de forma independiente o con apoyo moderado. Se consultó a un experto en estudios sociales para la primera infancia para asegurar que el contenido sea interesante y adecuado.

Usted puede apoyar las destrezas de lectura de no ficción de los niños ayudándolos a usar el contenido, los encabezados, el glosario ilustrado y el índice.